Juan Gonzales Prada

BANCARROTA

Capítulo 7: una segunda oportunidad

y

cómo reconstruir y mantener limpio su crédito

Nuestra experiencia

EDICIONES
NUEVO
ESPACIO

Colección: *Manuales*
compartiendo la experiencia latina
www. editorial-ene.com

Ediciones Nuevo Espacio
New Jersey, 07704, USA
http://www.editorial-ene.com
ednuevoespacio@aol.com
First Edition, December, 2004
ISBN: 1-930879-49-0

Todos los títulos están disponibles en nuestro portal: www.editorial-ene.com, en amazon y bn.com

O pueden ser encargados en cualquier librería.

Introducción

Cuando le entregué el manuscrito al director de la editorial, éste lo miró con cierto aire burlón: un *How to*, un manual de esos tan populares en los Estados Unidos.

Sin embargo, por disciplina, se lo llevó para leerlo.

A la mañana siguiente irrumpió en mi oficina exclamando: de haberlo sabido antes cuán diferente sería mi puntaje en la escala de crédito y cuánto me habría ahorrado.

¿Tenías idea, me dijo, de que cada vez que abres una tarjeta o pides un aumento en ella o un *dealer* pide un informe de crédito sobre ti cuando estás negociando un auto, (y yo visito varios para asegurarme de tener el precio más ventajoso), tu puntaje de crédito baja de 9 puntos?

El libro me abrió los ojos a la diferencia que existe entre nuestros hábitos y los de este país, aquí nadie se avergüenza de compartir su experiencia, tienen manuales para todos los niveles, si vas a la librería de la esquina verás los manuales para idiotas, y la idea no tiene nada de idiota, al contrario son manuales simples directos y efectivos. Acabo de mirarlos, antes pasaba frente a ellos sonriendo despectivamente.

Se es práctico, la experiencia no se oculta, se transmite, gratis o cobrando, los Estados Unidos está lleno de *consultants*, y los mejores que he consultado son aquellos que han pasado por la situación que yo confronto.

Nosotros, nos guardamos el secreto, nosotros salimos adelante y sobre el resto decimos: ellos tienen las mismas oportunidades, que salgan adelante, si no lo hacen es porque no quieren.

No, si no salen adelante es porque no saben, Juan Gonzales Prada, nos golpeó. Ya tenemos un primer libro de este tipo, hablando de cómo llevar nuestros hijos a las mejores universidades de América, y su autor ha estado hablando en reuniones nacionales organizadas por la secretaría de educación, ¿por qué? Porque a este país le interesa que nuestros hijos no se queden atrás.

Hoy Juan nos ofrece otro aspecto desconocido, el económico, **la bancarrota como una segunda oportunidad**, su experiencia para reconstruir su crédito (la que me servirá para mantener el mío en mejores condiciones, añadió riendo), la posibilidad de sacar a miles de familias latinas del infierno de una vida de deudas que no pueden pagar.

Se sabe que somos una parte cada vez más importante del mercado de consumo, se nos ofrece cada vez más líneas de crédito para que consumamos, se sabe que consumimos ilimitadamente, pero hasta Juan nadie nos dijo: si están ahogándose, si verdaderamente no pueden pagar, si están al final del camino, hagan como los americanos, sean prácticos, vean la posibilidad de declararse en bancarrota y comiencen de nuevo pero en forma responsable. La ley de bancarrota da esa oportunidad, se hizo para evitar que las familias se destruyan, para evitar la violencia intrafamiliar que la situación genera, para evitar que se queden en la calle. Consulten un abogado especialista nos dice Juan, no son tan caros.

Juan nos indicó que lo que había comenzado con **Boarding Pass to Success,** el libro sobre cómo llevar a nuestros hijos a las mejores universidades, con su libro, abrían una nueva colección: ***Manuales, compartiendo la experiencia latina.***

El director de la editorial me devolvió el manuscrito y me dijo: aprobado, a trabajar.

Sonriendo lo tomé en mis manos sin decirle que yo lo había leído primero, y que ya había llamado a un abogado para que estudiara mi caso y me ayudara a salir de mis deudas.

María

La bancarrota: otro punto de vista

En nuestros países, por nuestra formación cultural, el declararse en quiebra o bancarrota es una vergüenza, le gente te mira mal, te hacen sentir como si fueras un estafador, alguien deshonesto.

Ello hace que uno evite a toda costa el ir a la bancarrota, que haga lo imposible hasta que destruido, no queda otra salida que asumir esa "vergüenza".

En los Estados Unidos, por el contrario, se ve en la bancarrota una segunda oportunidad. En el año 2002 un millón y medio de personas se declaró en bancarrota. Ello refleja el espíritu práctico de los americanos, se llegó al final del camino y no hay otra salida. Se te borra toda o gran parte de la deuda que puede ser eliminada, pero que quede claro: es una segunda oportunidad, hay que aprender la lección.

Bajo el capítulo 7 no hay una segunda opción de ir a la bancarrota antes de seis años, y la segunda vez será más difícil, pero el espíritu de la ley es otro, no se hizo pensando en una segunda bancarrota, se hizo, como dijéramos, con el pensamiento de dar otra oportunidad a la gente, y así tenemos que pensar.

Algunos datos estadísticos sobre la bancarrota: en el año 2003 el 92% o más de las personas que se declararon en bancarrota tenían un ingreso anual entre 25.000 y 99.000 dólares.

Con respecto al año anterior el número de personas que declaró bancarrota aumentó de un 9,6% llegando a un millón seiscientos mil.

La edad promedio de los que se declaran en bancarrota es de 28 años, de ellos 44% son matrimonios, 30% mujeres solas, 26% hombres solos.

La mayor parte de las veces la bancarrota está motivada por alguno de los siguientes factores: pérdida de empleo (2 de cada 3 personas), problemas serios de salud, la mitad; un nueve por ciento no enfrentó ni problemas de empleo, salud o divorcio.

En general las personas que se declaran en bancarrota tienen mayor educación que el promedio total de la población de lo que se deduce que son aquellos que manejan mayor información, que conocen mejor las leyes y el sistema los que mejor aprovechan las oportunidades que éste ofrece.

Según un estudio reciente realizado en la universidad de Harvard, un 30% de las familias en los Estados Unidos deben el equivalente de un año entero de salario en tarjetas de crédito.

En nuestro caso, y hablaremos de nuestra experiencia, nos declaramos en bancarrota bajo el capítulo 7 (*Chapter 7*), y eliminamos una deuda de más de $93.000 dólares. Afortunadamente todas nuestras deudas podían ser incluidas en la declaración de bancarrota.

Hoy, desde cero en deudas, comenzamos a reconstruir nuestro crédito y nuestro futuro.

Lo sabemos no podemos permitirnos no pagar o pagar atrasados, lo sabemos, los intereses en las tarjetas serán más altos, no podemos permitirnos salirnos de nuestro presupuesto; lo sabemos, por no saber manejar nuestras finanzas fuimos a la quiebra, pero ello no volverá a suceder, nos dieron una segunda oportunidad y estamos dispuestos a aprovecharla.

Tenemos que mantener historial de pago excelente, no solamente bueno, queremos que sea excelente para hacer realidad nuestros sueños. Pero de los pasos que estamos dando para recuperar la confianza de los organismos que prestan hablaremos al final del libro en *"cómo reconstruir su crédito."*

Lo que sigue es nuestra historia, la historia de una familia latina con tres hijos, uno en la universidad, una en escuela superior y el más pequeño en la escuela elemental, un pequeño negocio, sólo uno con un empleo estable fuera de casa y ahogados en deudas hasta que no nos quedó otra salida que ir a la bancarrota.

Hoy, ponemos nuestra experiencia a vuestro servicio para evitar que pasen lo que nosotros pasamos, para que corten con el infierno de las noches sin dormir, la depresión que lleva a la destrucción de la familia, y cuán cerca de ello estuvimos, el temblar frente al teléfono sin atreverse a responder, las explosiones involuntarias de violencia y el no ver salida a esta situación económica.

Nuestra experiencia fue positiva y sólo pretende informar sobre los pasos dados y el camino recorrido, entregarles todos los elementos de juicio, pero al final son ustedes quienes deben pesar los pros y los contras, puesto que hay pros y hay contras, y en base a vuestra situación tomar su decisión.

Un consejo en el momento oportuno

Este libro reemplaza a Fernando, querido amigo, economista, quien fue el primero en conocer nuestro caso.

Cuando nos decidimos a hablar con Fernando le pedimos nos ayudara a conseguir un préstamo con uno de sus amigos banqueros. Un préstamo de 40.000 dólares para poder pagar poco menos de la mitad de nuestra deuda y poder continuar pagando el resto.

Le entregamos los papeles con nuestros datos, impuestos, ingresos, deudas, etc..., le explicamos que nuestro crédito era malo, que nos había pillado la máquina, que habíamos quedado atrás de un mes en los pagos y a partir de ahí se nos habían acumulado; pagos cada vez mayores, que en el pasado por diversas razones más de una vez pagamos atrasados, que siempre pagamos, pero que en nuestro crédito aparecían atrasos y eran como banderas rojas que saltaban a los ojos de los acreedores.

Estábamos al final del camino, el no poder pagar un mes las tarjetas de crédito y préstamos trajo consigo una hecatombe, era como si una reacción en cadena se hubiera desatado.

Cada mes las cantidades a pagar eran mayores, los intereses más altos, a lo que se sumaban las multas por pago atrasado, y las amenazas telefónicas, se hacían más seguidas y agresivas.

Llamamos a una de las tantas oficinas que las tarjetas de crédito recomiendan para consolidar, nos pedían dos meses de adelanto de la cantidad que deberíamos pagar, en nuestro caso sobre los 1.000 dólares mensuales.

Los cobradores llamando a la casa sin parar, al trabajo, a nuestras referencias; aumentaba la presión para empujarnos a consolidar.

Nos tenían locos, gritábamos por cualquier cosa, por ello nos atrevimos a pedirle a Fernando el favor. Los cobradores nos dieron quince días de respiro mientras esperábamos los resultados de los trámites con otro banco o la consolidación. Más adelante veremos el porqué la consolidación representaba para nosotros un suicidio a corto plazo, un respiro a corto plazo, pero en definitiva suicidio al final del camino.

A la semana Fernando nos trajo la negativa, representábamos un alto riesgo, no nos prestaban, y nos dijo... conozco un abogado, un amigo, especialista en estos casos, piénsenlo, les puedo pedir, y acompañar a la primera cita, les aconsejo declararse en bancarrota, no les dejan otra salida.

La primera cita

Más vale solos que mal acompañados, decía mi padre. En nuestro caso, más valió bien acompañados que solos. Ya verán el porqué.

Al entrar a la oficina del abogado, con mi señora pasamos cerca de media hora dando excusas.

Que hicimos todo lo posible para evitar ir a la bancarrota; le contamos de cómo habíamos intentado todo, de cómo nos fue imposible continuar pagando las tarjetas dado los intereses enormes a los que habían llegado, de las noches en vela tratando de buscar una solución, del nerviosismo, de cómo los niños sentían y resentían nuestra situación.

De los empleos extras que no nos habían permitido salir adelante, de nuestro intento de refinanciar, de las oficinas a las que habíamos llamado, de los llamados insolentes que recibíamos a diario, de la insolencia de los cobradores, de sus amenazas.

Nos veíamos poco menos que en la cárcel, nos sentíamos culpables, Oh Dios, pero tan culpables de no poder seguir pagando.

De cómo nos sentíamos tristes y habiendo perdido no sólo dinero, sino el honor. Pobres pero honrados, nos habían repetido nuestros padres en nuestras lejanas tierras.

Le explicamos que estábamos pagando cerca de 2.000 dólares mensuales entre tarjetas y préstamos y que al atrasarnos un mes nos cayeron encima las multas y aumento de intereses y no pudimos seguir pagando, y nos cayeron nuevas multas y el informe de crédito se dañó y no logramos sacar otra tarjeta para seguir pagando las tarjetas viejas hasta coparla y sacar otra y así, pero siempre pagando.

En secreto esperábamos su comprensión, una palabra diciendo pueden refinanciar, consoliden y seguirán pagando por otros cinco años y saldrán de las deudas la cabeza en alto.

Nada de lo que esperábamos pasó; nos miró tras dejarnos hablar y dijo: durante muchos años he tratado miles de bancarrotas, miles de familias como ustedes han llegado a verme, miles, americanos y latinos, y la diferencia entre los americanos y ustedes los latinos es siempre la misma

El americano llega, me presenta una lista de las deudas y me pregunta cuáles puedo incluir en la bancarrota, cuánto dejaré de pagar. Si tiene casa me pregunta si puede conservarla, y juntos examinaremos cuánto ha pagado, su precio actual, si la puso como garantía de otro préstamo, si está protegida por alguna disposición legal.

Ustedes, ustedes, vienen con problemas morales, cuando en realidad lo que tienen son problemas económicos. Se sienten vulnerables, y son vulnerables por lo que se sienten mal, no por otra cosa, a la primera amenaza se privan hasta de lo esencial y pagan, y se destruyen matrimonios, y los niños sufren y nunca se preguntan si es justo el estar pagando 30% de interés por una deuda, ¡30%!

No se preguntan cuántas veces ya han pagado esa deuda desde que comenzaron a pagar, no se preguntan el porqué les cambian de banco a cada rato y en cada cambio les aumentan el interés.

Miró nuestra primera tarjeta, una que diez años antes había comenzado con 2.000 dólares y que fue aumentando el límite hasta 10.000. Una que con el pasar del tiempo, y de banco, al no poder pagarla y pagarla atrasados, subió el interés de 8% a 29%. ¡29%!

Cada tres años pagábamos 8.700 dólares de interés y ¡seguíamos debiendo 10.000! Y esa era una sola tarjeta. Solamente en las tarjetas estábamos pagando más de 1.200 dólares, y con ello pagábamos el mínimo, los intereses, y la deuda continuaba igual.

El abogado miró nuestros papeles, sacó números, y al igual que Fernando nos dijo: no veo otra salida, piénsenlo.

Y ahora pueden preguntar todo lo que quieran, para eso es la primera consulta, para que me expongan su situación, para que yo vea los primeros papeles, para conocerlos, y que me conozcan, ambos necesitamos confiar el uno en el otro y para responder a todas vuestras dudas para que puedan tomar, en su casa, y con tiempo, una decisión. No ahora, con calma, luego si es sí, veremos los papeles que hay que llenar, los plazos, etc...

Sí, en nuestra situación valía más ir acompañados que solos. Por mucho que se lea sobre la quiebra uno jamás llegará a conocer e interpretar la ley a la perfección, jamás sabrá todas las respuestas, jamás se estará seguro de que se está llenando bien un formulario, de que no hay contradicciones involuntarias. A decir verdad sólo el mirar los formularios que hay que llenar, los federales y los estatales, el intentar descifrar el lenguaje legal en que están escritos nos daba pánico.

¡Zapatero a tus zapatos!

Nunca habíamos pensado en consultar a un abogado por lo que pensábamos, debe ser carísimo, nos va a salir en un ojo de la cara. No sabíamos que la primera consulta cuesta solamente alrededor de 100 dólares, y que si sabemos qué preguntar serán los 100 dólares mejor invertidos en nuestra vida, por lo que esta vez no estamos gastando, estamos invirtiendo.

Por ello recomendamos lo que nos recomendó Fernando, reúnan los papeles y consulten un abogado especialista en bancarrota. Ello les permitirá ver las cosas claras desde un punto de vista legal y económico. A nosotros no sólo nos ahorró dolores de cabeza y nos reconfortó, sino que más importante aún, paró la hemorragia que pudo habernos dejado con nuestros hijos en la calle.

Las preguntas

Fue la parte más difícil, teníamos miles de dólares en deudas y miles de dudas, no sabíamos qué preguntar primero. Sabíamos qué preguntas íbamos a hacer pues habíamos pasado más de una semana anotando las preguntas que se nos ocurrían y para las cuales no encontrábamos respuesta, lo que no sabíamos era cómo comenzar, para nosotros todas eran importantes.

El abogado nos reconfortó diciendo, éste es el momento de salir de dudas, tenemos una hora, o más si fuera necesario, por delante.

Nuestra primera pregunta fue, ¿cómo nos afectará esto en los Estados Unidos?

En nada. Es triste decirlo, pero es una situación muy común y la bancarrota no conlleva ni juicio moral, ni sanción jurídica.

¿Qué pasará en mi trabajo?

Nada, no tienen por qué saberlo e incluso si lo supieran existe una ley que los protege. En el caso del gobierno, por ley no pueden discriminar a alguien por haberse declarado en bancarrota. En el caso de empleados particulares, la bancarrota no constituye causal de despido.

La ley fue estudiada para ayudar, no para hundir a la gente, por ello de hecho hay mayor protección a nivel federal y estatal que a nivel privado.

Más daño pueden hacer hoy llamando sin parar al trabajo, a los jefes, ellos saben que eso es un elemento de presión, una vez que se presentan los papeles de la bancarrota tienen que parar todos los llamados de inmediato.

¿Lo sabrán mis amigos o vecinos?

Lo más probable es que su bancarrota no la conozcan sino sus acreedores. No se sientan heridos, pero a nadie le interesa su bancarrota, es muy improbable que aparezca en los diarios o en otro medio de comunicación. Hay un registro público en los tribunales en el que su bancarrota será consignada, pero nadie va a buscar allí, no tienen ningún motivo para hacerlo.

¿Los dos tenemos que declarar la bancarrota?

No necesariamente, pero en el caso de ustedes, con tarjetas y préstamos firmados en conjunto, a ambos les conviene declararse en bancarrota, de lo contrario el acreedor cobrará la totalidad de lo adeudado en conjunto a aquél que no se declaró en bancarrota.

¿Cómo afectará nuestro crédito?

La sonrisa del abogado nos anticipó la respuesta. Peor que como están hoy, no pueden estar. Si están en mi oficina es porque vuestro crédito ya está arruinado.

Que quede claro, la bancarrota no es buena, es una última solución, los organismos financieros no la ven con buenos ojos, al contrario. Es buena cuando se aprovecha para reconstruir el futuro, cuando no se repiten los errores del pasado. Ya les explicaré en nuestra última reunión cómo fueron destruyendo su crédito cada vez que pagaron con atraso, cada vez que acumularon una nueva tarjeta, cada vez que les negaron aumentar el crédito en una tarjeta de una tienda, o les negaron el abrir otra tarjeta de crédito, cada vez que alguien que no fueron ustedes pidió un informe sobre vuestra situación a uno de los tres más importantes organismos encargados de estos informes a nivel nacional.

Hay tres compañías a las que con mayor frecuencia la mayoría de los organismos de crédito entregan o piden informes, ellas son Equifax, Experian y Transunion.

Cuando uno obtiene un crédito de un banco o tarjeta, esa compañía o banco generalmente les envía un informe mensual sobre sus actividades. El informe de las tres compañías refleja si está al día o atrasado en los pagos, cuánto ha utilizado del crédito límite, cuántos organismos han pedido informe sobre usted, cuántos préstamos o tarjetas le han sido negadas, etc..., y ello al día en que se pide o envía el informe.

Ojo, estas compañías registran los informes que les llegan electrónicamente, no los verifican, por ello hay que estudiar lo que dicen, a veces se producen errores.

En ese informe aparecerá la bancarrota durante diez años, sin embargo, ello les permite saber a los organismos de crédito que ustedes tomaron medidas para eliminar esas deudas que no podían pagar, y por lo tanto, representan un riesgo menor puesto que no tendrán (o tendrán pocas) deudas y dispondrán de mayor dinero para pagar sus cuentas.

¿Y para reconstruir el crédito?

Si deciden ir a la bancarrota, una vez termine el proceso tendremos una última reunión para que les explique lo que tienen que hacer para reconstruir su crédito y lo que tienen que aprender para no caer en las ofertas que les lloverán ofreciendo reconstruirles el crédito y que muchas veces no sirven para otra cosa que no sea para aprovecharse de vuestra situación.

Les explicaré cómo mejorar su puntuación para ir teniendo acceso a préstamos con intereses que no sean exagerados pero sus primeras tarjetas serán a un interés muy alto (18.9% o más); con buena conducta en un año o dos pueden llegar a volver a tener un crédito en la categoría B+ o B- que representa un puntaje entre 590 y 629 lo que es considerado bueno en una escala general de A, B, C y D, pero insisto, ello dependiendo de sus pagos y del porcentaje que utilicen del crédito al que tienen acceso (ojalá el 40% o menos). No se llenen de tarjetas de crédito y préstamos. El tener acceso a un crédito muy alto los puede poner en la categoría de clientes a riesgo: no importa que no lo usen, pero al tener ese crédito disponible pueden llegar a usarlo y endeudarse nuevamente hasta el tuétano.

¿Podremos arrendar?

Si no se pudiera arrendar tras una bancarrota tendríamos a miles de miles de familias en las calles, y entre otras cosas esta ley se hizo para evitar que la gente termine en la calle. Puede que les sea más difícil, que les pidan un depósito de garantía mayor, pero en el fondo siempre jugará el hecho de que sin deudas ahora pueden afrontar en mejores condiciones sus gastos. Recuerden también que a lo mejor antes de mudarse ya han tenido tiempo para comenzar a reconstruir su crédito.

¿Podremos comprar casa?

No mañana, pero a decir verdad, si logran comenzar con absoluta seriedad a reconstruir su crédito, en dos años estarán en una posición mil veces mejor que hoy día para solicitar un *mortgage*. Si han seguido mis consejos puede que logren un préstamo que no los castigue con una tasa de interés muy alto ya que no representan un riesgo. De todas formas hoy en día nadie, pero absolutamente nadie les prestaría para comprar una casa.

¿Nuestro auto, cuándo tenemos que devolverlo al banco?

Depende de lo que ustedes quieran hacer, bajo el capítulo 7 las propiedades que no estén incluidas en la bancarrota no están sujetas a la jurisdicción de la corte. Si desean conservarlo no lo pondremos en los papeles de la bancarrota o lo pondremos diciendo que desean seguir pagando. Ahora, si el pago mensual es muy alto y el valor del auto no lo justifica, lo podemos incluir en la bancarrota para que sea reposeído.

¿Vendrán a la casa a llevárselo delante de todos los vecinos?

No, cuando llegue el momento llamaremos al banco para que nos indique dónde hay que ir a dejarlo. Al entregarlo recuerden pedir que les entreguen las placas, en nuestro estado por ley son ustedes quienes tienen que llevarlas a las oficinas del *motor vehicle* donde el auto está registrado. Con ello se aseguran de que no exista ningún problema posterior si el auto es mal utilizado. Además hay una razón práctica, para parar el seguro del auto les pedirán la copia del recibo de las placas que les dará el *motor vehicle*. Mientras más se demoren más tardarán en parar el seguro y pagarán un mes por nada. Ese consejo ya valía más que el precio de la primera consulta.

¿Y si lo entregamos, podremos comprar otro auto?

Por supuesto, todo el mundo sabe que se necesita al menos un auto para ir a trabajar, para ir de compras, para desarrollar una vida activa. En nuestra zona es prácticamente imposible desarrollar una vida normal y productiva sin un auto.

Tras la quiebra, en las primeras semanas les llegarán por correo ofertas para comprar un auto.

Con mi señora nos miramos un poco desconfiados, sin embargo tras la quiebra, a los 15 días recibimos una carta con la primera oferta en la que nos decían: la ley nos obliga a otorgar un cierto número de préstamos con un interés bajo a familias en la situación de ustedes, entre los nuevos casos de bancarrota ustedes cualificaron para un préstamo de 24.700 dólares para comprar un auto.

Una semana más tarde otra carta, esta vez de una oficina de especialistas ofreciendo buscar en la zona las mejores ofertas y los mejores *dealers*, aquellos que no podrían rechazarnos y no podrían castigarnos en el interés.

Antes de completar el mes otra compañía nos ofrecía buscar por nosotros un crédito pre-aprobado, ello sin dolor y sin castigo y sin presión de ningún tipo. Ofreciéndonos salvarnos malos ratos y horas buscando quien nos vendiera un auto a los mejores intereses.

La cuarta nos ofrecía tomar nuestro auto viejo, si es que teníamos uno, al precio del mercado descontando solamente 10 centavos por milla que superara las 15.000 millas que se supone uno haga por año. Ese dinero serviría de pronto (*down payment*) para otro auto, nuevo o usado. De no tener un auto, no importaba, de todas formas ya estábamos pre-aprobados para un préstamo.

La experiencia, las noches sin dormir, el proceso de bancarrota nos enseñaron que no debíamos adelantarnos y decir que sí a la primera oferta.

La experiencia nos enseñó que hoy no estamos tan desesperados, que estamos en mejores condiciones (y que los vendedores lo saben) y que podemos tomar un poco de tiempo, comparar lo que nos permitió tener el auto a un buen precio. No fue el primero, no fue el segundo ni el tercero, el quinto fue el más interesante ya que no estaba fuera de nuestro alcance; podíamos haber comprado un auto mejor a crédito, pero no era razonable, se salía de nuestro presupuesto.

¿Y el dinero acumulado en mi plan de jubilación?

Tenemos que ver qué tipo de plan tiene para ver si se considera en su bancarrota, hay leyes federales y leyes estatales que protegen esos planes y no pueden ser usados para pagar a los acreedores.

Hay algo que no han preguntado y es, ¿qué es lo que no se puede hacer?

La ley de bancarrota es una ley que otorga un perdón, que se acuerda basada en la buena fe de las personas que se acogen a ella. Es un gesto generoso del gobierno para ayudar a una persona o familia a retomar el buen camino financiero y salir adelante.

No pueden mentir ni falsear los hechos.

No pueden abrir y abrir tarjetas de crédito o pedir préstamos de último minuto para comprar cosas de lujo o superfluas.

Si han mentido exagerando de una forma significativa su situación económica al llenar por escrito una solicitud para abrir una tarjeta, esa deuda no será eliminada y tendrán que seguir pagándola.

No pueden sacar dinero contante y sonante (*cash*) o hacer un crédito por más de 1.150 dólares a un mismo acreedor para comprar bienes de lujo o pagarse, por ejemplo, un crucero de lujo en los 60 días anteriores a declararse en bancarrota.

No pueden tener los medios para pagar sus deudas e intentar dejarlas de pagar acogiéndose a la bancarrota.

No pueden ocultar ingresos o propiedades poniéndolas a nombre de otra persona.

Ello constituiría fraude y es penado por la ley, aquí y en todo el mundo.

Y todo ello se lo preguntarán en el tribunal. De su situación no ser clara, yo no tomaría su caso. Como no es el caso, al tomarlos haré todo lo que esté en mis manos para eliminar el máximo de las deudas.

En general no hay de qué asustarse. La mayoría de mis clientes llegan al igual que ustedes bajo una extrema presión, se sienten frágiles y mal, se sienten haciendo algo malo, se sienten amenazados por lo que los han amenazado. Se sienten cometiendo un fraude puesto que no van a pagar, y no, absolutamente no, no hay fraude en acogerse a una ley de perdón, se puede haber sido mal administrador, se puede haber confrontado un problema inesperado, se puede haber perdido el empleo, se puede, se puede, se puede, pero ello no implica que se haya hecho nada ilegal, y a decir verdad, la mayoría de las veces las amenazas son de pacotillas, quieren asustar para que paguen hasta lo que no tienen, o les paguen a ellos sobre los otros.

¿Pararán de acosarnos?

Apenas presentemos los papeles en el tribunal éste, y nosotros comunicaremos a cada uno de los acreedores que se llenó bancarrota y por ley no pueden volver a contactarlos. Puede que demore una semana, pero si alguien los llama, me avisan y nuestra oficina lo contactará de inmediato para hacerle saber que otro llamado es contra la ley y que le puede significar una multa.

A veces esas compañías venden los paquetes de clientes a riesgo a otras compañías (por un valor mucho menor que el de lo adeudado) y ellos sin saber que se llenó la quiebra los pueden llamar, ellos o una compañía de cobranza. No se preocupen, de inmediato los llamaremos y enviaremos la forma del tribunal para que dejen de acosarlos.

¿Volveremos a tener crédito?

Cuando el tribunal falle muy probablemente estarán en mejores condiciones que antes. En su informe de crédito aparecerá por diez años la bancarrota, pero hoy en día la sociedad norteamericana ha evolucionado tanto que en ello no hay juicio moral de ningún tipo.

Lo que un banco u otro organismo de crédito analizará es su situación actual: sus ingresos, sus deudas (las nuevas), el crédito que ha logrado restablecer, el nivel del crédito disponible que ha usado (por ejemplo si de mil de una tarjeta ha copado 500 u 800 dólares o si la ha usado y pagado antes de la fecha límite y ha copado apenas un 30 o 40%), si hay o no atrasos en el pago de su arriendo, de sus nuevas tarjetas, de los servicios (luz, agua, teléfono).

Lo que verán no es tanto el pasado como su presente y perspectivas al futuro, y al compararlo a su pasado verán si aprendió la lección o no, si está aprovechando la segunda oportunidad que se le otorgó. Si la respuesta es afirmativa, un sí, tenemos un historial de crédito excelente después de la bancarrota.

De ustedes depende, el ideal es que su crédito sea bueno o excelente, cuanto mejor sea el informe mejor es para ustedes. Serán considerados clientes con un bajo riesgo y así aparecerá en los organismos que informan sobre su crédito.

¿Cuánto nos costará?

El costo de presentar la solicitud de bancarrota en el tribunal, en nuestro estado (vivimos en la zona llamada el tri-state) es de $290 más $1.000 por mis servicios, éstos pagados en dos etapas $500 al firmar el contrato y los otros $500 en el momento en que todos los papeles estén listos para ser presentados al tribunal respectivo.

En total 1.290 dólares, menos de lo que pagábamos mensualmente en intereses en las puras tarjetas de crédito sin que disminuyera la deuda principal.

Cierto teníamos que ahorrar esa cantidad, pero al dejar de pagar desde ese momento logramos juntar el dinero y ahorrar un par de pesos para casos de emergencia y poder recomenzar nuestra vida ya que sabíamos no tendríamos crédito inmediatamente.

Finalmente, hay varios tipos de bancarrota, el capítulo 7, o el capítulo 13, dijo el abogado.

En vuestro caso lo que les conviene es el *Chapter 7*, en ese tipo de bancarrota la deuda, o parte de ella será eliminada (*discharged*), si el juez así lo decide, ello significa que al final del proceso ustedes ya no deberán dinero a los acreedores que han sido *discharged*. Tendrán que seguir pagando las mensualidades del auto si decidieron conservarlo.

¿Eso significa que no perderemos todo lo que tenemos?

Las leyes varían de estado a estado, y en cada uno hay una lista de excepciones que los protegen y les permiten conservar muebles, ropa, su casa y su auto si se compromete a seguir pagando pero todo ello se ve caso por caso no puedo, sin haber estudiado detenidamente el vuestro, darles una respuesta categórica.

De hecho en nuestro caso no nos quitaron nada.

¿Tenemos que ir a los tribunales?

Sí, existe lo que se llama la primera reunión con los acreedores, en esa reunión el *trustee*, la persona designada por la corte, les hará algunas preguntas sobre la bancarrota, y los acreedores, si se presentan podrán a su vez hacerles otras preguntas. La reunión la cita el tribunal aproximadamente 30 días después de haber declarado la bancarrota. Yo los ayudaré a preparar la reunión, en general no toma más de 5 minutos. La experiencia muestra que muy raramente los acreedores se presentan.

Y ahora, ¿Qué tenemos que hacer?, preguntamos.

Pensarlo, consultar con la almohada, decidir y darme una respuesta, si es sí luego les pediré que me traigan todos los datos y papeles que necesito y comenzaremos a llenar los papeles legales para iniciar los trámites.

Si tienen otras preguntas me pueden llamar por teléfono y con mucho gusto les daré una respuesta.

A decir verdad, lo llamamos varias veces y algunas de las preguntas anteriores las hicimos durante la semana que nos demoramos en tomar la decisión, pero por razones de orden práctico para el lector preferí reunirlas todas en el mismo capítulo.

Estábamos en el mes de enero, en marzo se presentaron los papeles y en junio recibimos la decisión del juzgado: todas las deudas fueron condonadas (*discharged*), comenzábamos una nueva vida a partir de cero.

La hora de las decisiones

Regresamos a casa tras la primera cita con el abogado, nos sentíamos bastante tranquilos, pensábamos que no se nos habían quedado muchas preguntas en el tintero y las dudas que nos surgieron las consultamos por teléfono. Había llegado el momento de tomar las decisiones.

Miramos una vez más nuestra situación y lo que vimos no era en nada alentador, nos sentimos en la situación de un enfermo incurable, en la sala de emergencia del hospital, conectados a máquinas para mantenernos vivos sabiendo que no teníamos remedio y que la muerte era inevitable.

Y era cierto, no teníamos salida, estábamos al tope en las tarjetas, con préstamos y atrasados en los pagos.

Desde años atrás cada vez que llegábamos a una situación extrema nos abrían otra tarjeta (con intereses más altos) para mantenernos en vida, mantenernos pagando. Era como cambiar la botella de suero que alimenta al enfermo en su lecho de muerte para darle otro respiro, para que pudiera seguir pagando, cada vez más débil, pero vivo y pagando, sabiendo que así lo pueden mantener indefinidamente en vida y pueden indefinidamente seguir cobrando y uno, impotente en el lecho de muerte, se siente un vegetal.

Nuestras deudas pasaban de una mano a otra sin preguntarnos, subiendo en cada paso los intereses, cada nuevo dueño intentando recuperar lo invertido a la brevedad posible y comenzar a ganar; o viendo lo desesperado del caso, meternos en otro paquete y transferirnos a otras manos.

De haberlo sabido cinco años atrás, la primera vez que intentamos consolidar las deudas y no pudimos, debíamos haber llenado los papeles para ir a la quiebra, pero no lo hicimos por nuestra formación, por ignorancia, por desconocer el camino.

Revisamos una vez más los papeles que llenamos intentando consolidar con una oficina en Boca Ratón, Florida, una de las tantas a las que nos habían enviado las tarjetas de crédito. 1.030 dólares aparecía una y otra vez cincuenta veces. Nos decían que debíamos pagar dos meses al contado para poder comenzar en el programa que nos volvería a una vida libre de deudas, y que luego, al cabo de los 50 meses, habríamos cerrado todas nuestras tarjetas de crédito, no la deuda del auto, no las deudas del negocio (20.000 en un préstamo para pequeños negocios), no las deudas que tomamos para pagar los estudios de nuestro hijo en la universidad (15.000 dólares en dos años).

Nos consolidaban 46.281 dólares y por ello pagaríamos 53.560 dólares. Cierto, al cabo de los cuatro años estaríamos libres de deudas, pero al sumar los préstamos para estudios por los que estábamos pagando 150 dólares mensuales solamente en intereses, los 376 del auto y los 313 del préstamo para pequeños negocios cada mes tendríamos que pagar 1.869 dólares lo que nos prolongaría la vida pero inevitablemente nos llevaría a la quiebra en algunos meses.

Era otra botella de suero, otra máquina para limpiar los riñones y que así pudiéramos seguir pagando, moribundos, inconscientes, pero pagando.

Hoy guardamos los papeles de la consolidación como recuerdo, un mal recuerdo, pero recuerdo que nos alerte en caso de peligro.

Cuatro años pasamos en la antesala de la muerte, cuatro años durmiendo mal, explotando por cualquier cosa; cuatro años en los que casi perdimos nuestro matrimonio. Cuatro años en los cuales pagamos cerca de 81.600 dólares en intereses y al cabo de los cuales seguíamos debiendo los mismos 93.000 dólares del comienzo.

La bancarrota representaba en nuestra situación el remedio milagroso, el levántate y anda, la mano amiga que nos daría una ayuda. Una segunda oportunidad en la vida, la posibilidad de desconectarnos de las máquinas que nos mantenían moribundos pero que nos sacaban la sangre, la posibilidad de salir de la antesala de la muerte y volver a caminar, débiles es cierto, reconstruyendo una vida, es cierto, pero teniendo nuestro destino nuevamente en nuestras manos.

A la semana de darle vueltas y vueltas llamamos a nuestro abogado.

El llamado

Estábamos los dos pegados del teléfono, la conversación fue muy breve, le dijimos, lo pensamos, sopesamos los pros y los contras, una vez más vimos posibles alternativas y con todo ello en mano tomamos una decisión, no nos queda otra que declararnos en bancarrota.

Nos preguntó si por alguna razón personal queríamos llenarla en una fecha en específico, si queríamos esperar un tiempo, o si queríamos desde ya fijar otra reunión con él para firmar el contrato e iniciar los trámites de inmediato.

Nos explicó nuevamente que no podíamos pagar a un acreedor sobre otro, que si parábamos los pagos debía ser por parejo, que no podíamos abrir nuevas cuentas y que debíamos armarnos de paciencia frente a los llamados, los que dado el atraso y el tiempo que se acumularía hasta presentar los papeles en corte haría que se volvieran más y más agresivos.

Recordamos que el firmar el contrato significaba pagar los 290 dólares por el costo de llenar la bancarrota más 500 dólares por concepto del cincuenta por ciento de los honorarios.

La mayoría de nuestros pagos se concentraban en dos tandas: a mediados y a fines de mes; hicimos los cálculos para reunir el dinero, y así, fijamos la firma del contrato para tres semanas más tarde.

La suerte estaba echada: firmamos el contrato

En una corta reunión de unos 15 minutos el abogado nos explicó que el proceso tenía varias etapas y que el total demoraría de cuatro a seis meses, contando el tiempo de llenar los papeles y de presentarlos en la corte.

Nos preguntó si por alguna razón especial pensábamos re-afirmar una deuda, es decir si íbamos a seguir pagándola aunque ella pudiera ser eliminada.

Nos advirtió que ello debía ser voluntario y no por presión del acreedor, que probablemente alguno de ellos iba a tratar de que re-afirmáramos su deuda. Nos advirtió que para que la corte aceptara una re-afirmación, el pago de ésta no debía representar un peso muy grande para nuestra familia, que debía ser en nuestro mejor interés, y que incluso si firmábamos un papel de re-afirmación podíamos cambiar de opinión y pedir que se anulara antes de que el caso se cerrara o en los 60 días después de que ese tipo de acuerdo se hubiera presentado en corte. En resumen podíamos utilizar la opción que nos diera más tiempo. Ahora, si aceptábamos re-afirmar una deuda esa deuda quedaba fuera de la bancarrota y si luego no podíamos pagar el acreedor podría iniciar cualquiera acción legal para cobrar.

Luego nos presentó a Mary, la persona que se encargaría de la parte administrativa, es decir pedirnos la información y papeles necesarios para ella ir llenando los diferentes formularios.

Finalmente nuestro abogado nos insistió en que incluyéramos a todos los acreedores en la bancarrota, que si olvidábamos algo se lo comunicáramos de inmediato a Mary y que si recibíamos algo de nuestros acreedores, de inmediato llamáramos a la oficina y faxeáramos el documento para que ellos vieran de qué se trataba y qué medida, si alguna, se debía tomar.

Una vez presentados los papeles en corte los acreedores, bajo pena de multa, debían de parar los intentos de cobro (directa o indirectamente a través de una oficina) parar los llamados y parar cualquier acción en nuestra contra o en contra de nuestra propiedad de tenerla, el que no era nuestro caso.

30 o 40 días más tarde nos llamarían a la primera reunión con los acreedores (*Meeting of Creditors*), donde bajo juramento debíamos responder las preguntas del *trustee* (persona imparcial designada por la corte para lidiar con nuestro caso) y de los acreedores si es que se presentaba alguno.

Tras ello el *trustee* comunicaría a la corte y luego ésta a los acreedores nuestra situación, y ellos tendrían treinta días (tras el término de la reunión con los acreedores) para objetar la eliminación (*discharge*) de la deuda que teníamos con ellos. *Discharge* significa que nunca más el acreedor intentará recolectar la deuda.

De alguien objetar y reclamar que la deuda no era *dischargable* nuestro abogado tendría 30 días para defendernos y presentar nuestra posición; de nadie hacerlo la corte decidiría al cabo de los 30 días.

En ese momento de la reunión dijimos: creemos que esta deuda, y nombramos una, no es eliminable. El abogado nos interrumpió amable pero firmemente. Por favor, ustedes pueden decidir si quieren incluir o no una deuda, si por algún motivo personal o moral quieren pagarla, pero no sobre si es o no es *dischargable*, déjennos eso a nosotros y al juez, no prejuzguen, es lo peor que pueden hacer.

Y añadió: en nuestra primera reunión se me olvidó decirles que uno de los errores más comunes de la gente en vuestra situación es que buscan en el Internet, encuentran alguna información y dicen éste es mi caso, y sacan conclusiones que a veces no son correctas y pueden jugar en contra de sus intereses.

Efectivamente, nadie objetó, y 30 días más tarde recibimos el papel oficial de la corte *discharging* nuestras deudas, incluyendo la que pensábamos que no sería posible de eliminar. Una segunda oportunidad nos era acordada.

Pero no nos adelantemos, eso fue el fin del proceso, y el comienzo de la reconstrucción de nuestro crédito, por el momento pasemos a la oficina de Mary para que nos diga qué necesitamos para llenar los formularios oficiales.

Mary

Con Mary nos reunimos en la sala de reuniones, ya tenía abierto nuestro expediente. Lo primero que hicimos fue firmar el contrato con la oficina de abogados, para ambos tener un documento.

Luego nos hizo las preguntas que permitirían encabezar nuestro expediente: nombre, dirección, números de seguro social, permisos de conducir, licencia del auto, es decir todo aquello que nos identificara, más los teléfonos para contactarnos en caso de necesitar algo.

Luego nos entregó una lista de los documentos que necesitaba, de faltar algo, o de tener alguna duda al llenar los formularios nos llamaría para que le enviáramos o faxeáramos los datos o clarificación necesaria.

Nos pidió que detalláramos lo más exactamente posible una lista de nuestras deudas separadas en: tarjetas de crédito, de tiendas y préstamos.

Para las tarjetas nos pidió que primero detalláramos las de crédito y luego las de las tiendas:

- límite de crédito de cada tarjeta
- cantidad de ese límite tope ya ocupado
- pago mensual
- fecha del último pago enviado a cada una
- fecha aproximada en que se había abierto cada cuenta o número de años o meses que la teníamos

Para los préstamos:

- lista de todos los préstamos
- total del préstamo
- cantidad ya pagada
- cantidad adeudada
- fecha y cantidad del último pago
- copia de los dos últimos balances
- copia de los contratos para determinar el tipo de préstamo y nuestras obligaciones
- fecha en que se nos había acordado el préstamo y si sabíamos si alguno de ellos tenía una cláusula que indicara que en caso de no pago algún bien en nuestra posesión podía ser confiscado

Con respecto al auto:

- copia del registro
- marca
- modelo
- año
- si había tenido algún accidente
- estado general
- precio de compra
- cantidad pagada
- fecha y cantidad del último pago
- cantidad adeudada
- banco con el que habíamos contraído la deuda
- copia del contrato si la teníamos
- valor comercial del auto en el momento actual
- millaje

Cuentas personales: corrientes y de ahorro:

- número de cuenta
- dirección del banco
- copia de los dos últimos balances
- cantidad de dinero en ellas

Cuentas del negocio:

- número
- banco
- copia de los dos últimos balances
- cantidad de dinero en ellas

Otras tarjetas:

- si teníamos tarjetas *debit* del banco

Re-afirmaciones:

Nos pidió que si queríamos re-afirmar alguna deuda lo indicáramos en una lista, pero que recordáramos lo que el abogado nos había dicho sobre ellas.

Bienes:

- *assets* (cosas de valor)
- acciones de la bolsa
- propiedades inmobiliarias
- barcos
- autos
- otros bienes de valor como:
- joyas
- cuadros
- muebles
- ropa fina
- etc...

Otros compromisos:

- si alguien nos había servido de colateral para alguna de las deudas contraídas
- si habíamos puesto algún bien como colateral para obtener un préstamo

Nos pidió establecer un presupuesto detallando:

Ingresos:

En el caso de aquél de nosotros dos que tenía un empleo:
- nombre y dirección del empleador
- número de años en el trabajo
- salario
- dos últimas hojas de pago
- formas W2 de los dos últimos años
- último informe del plan de retiro

En el caso de nuestro pequeño negocio:
- ganancias o pérdidas
- fecha de apertura
- bienes o *assets*

(Por el tipo de negocio, no teníamos ningún *asset*, en la práctica del negocio no quedaba nada)

Impuestos:
- copia de la declaración de impuestos de los dos últimos años
- impuestos adeudados, si alguno
- copia de todas las formas complementarias del negocio, en nuestro caso un *partnership*: forma 1065 y *schedule* k-1

Gastos:

(Además de las deudas y sus pagos mensuales)
- arriendo o pagaré de la casa
- comida
- ropa
- cine o arriendo de videos o juegos
- electricidad
- agua
- alcantarillado
- calefacción
- teléfono
- productos de aseo: personales y de la casa
- gastos médicos y dentales no cubiertos por los seguros
- seguro del auto
- seguro de la casa
- gasolina
- EZ Pass
- transporte
- gastos profesionales

Nos advirtió, gastos reales, gastos razonables, gastos de alguien que está en una mala situación económica, no puede pagar y quiere salir adelante. He tenido clientes que han puesto como gastos cenas en restaurantes de lujo, gastos exorbitantes en salones de belleza, en ropa de lujo, es decir gastos que conducirían al juez, y a cualquier persona, a fallar en contra de ellos.

Como cada caso es diferente, nos pidió que incluyéramos cualquier dato que consideráramos importante y no estuviera en su lista.

Igualmente nos preguntó si pensábamos recibir algún dinero extra en los próximos meses.

Nos explicó que con esos datos podía llenar los formularios que permitirían a la corte tener una idea clara y documentada de nuestra situación, probar que no podíamos pagar y el porqué la bancarrota se justificaba.

Esos datos igualmente le permitirían a la corte establecer una posible liquidación de nuestros bienes para pagar a los acreedores, pero como en nuestro caso, y en la mayoría de los casos de la gente que llena bancarrota bajo el capítulo 7 se puede probar insolvencia, la gente retiene todos o la mayor parte de sus bienes.

Nos preguntó si teníamos alguna pregunta para ella, y luego nos deseó suerte.

Ahora el comienzo de los trámites dependería de nuestra rapidez en entregarle la información que nos pedía para que ella llenara los papeles y los viera con nuestro abogado.

Ese mismo día le entregamos todas nuestras tarjetas al abogado.

Ser sistemáticos

Hay que ser sistemáticos si es que queremos salir lo antes posible de la pesadilla, recomenzar a reconstruir nuestro crédito y recomenzar nuestra vida en los Estados Unidos como miembros activos en esta sociedad como hay que ser sistemáticos para poder realizar nuestros sueños.

Lo primero fue juntar lo relativo a las tarjetas, las de crédito y las de las tiendas; como habíamos esperado tres semanas antes de ir al abogado teníamos la última hoja de balance de cada una de ellas actualizadas al momento de llenar la bancarrota. Añadimos el balance del mes anterior y sacamos dos fotocopias de cada documento.

En la práctica fuimos construyendo dos archivos, el que enviaríamos a Mary para extraer los datos y que sería presentado en la corte, y una copia para nosotros en caso de que un documento se extraviara. A cada reunión con Mary llevábamos nuestro propio archivo.

Hicimos una lista de cuatro columnas con los datos de forma que se viera todo muy claro.
En la columna uno pusimos:
- nombre y banco de la tarjeta
- nombre del usuario (uno o los dos en las cuentas conjuntas)

- número de la cuenta
- dirección

En la columna dos el balance.

En la columna tres el pago mensual.

Y en la columna cuatro el número de atrasos.

Luego llenamos las columnas comenzando con aquellos bancos en los que teníamos más de una tarjeta (del banco NN teníamos tres tarjetas) y terminamos con las de las tiendas por departamento.

Ello dio lo siguiente:

cuenta	balance	pago mensual	atrasos
Banco NN Nombre del usuario: (J.G.P) # de cuenta dirección	$7,582.05	$190, 32	3
Banco NN Nombre del usuario: (J.G.P y RGP) # de cuenta dirección	$9,594.54	$192.97	2
Banco NN Nombre del usuario: (J.G.P y RGP) # de cuenta dirección	$7,547.32	$185.36	2

Y así lo hicimos con las otras cuatro tarjetas de crédito; luego pusimos las dos tarjetas de las tiendas.

Al final de las columnas tres y cuatro sumamos las cantidades para obtener el total de la deuda y el total del pago mensual en tarjetas.

A mano, al lado de cada tarjeta, añadimos el porcentaje de interés que estábamos pagando en cada una: 26.99%, 29.42%, 24.99%, 22.99%, 27.99%, 29.42% y 27.99%. En una de las tiendas 19.80% en la otra 24.99%.

Luego hicimos la hoja con los préstamos: cuatro en total. Uno para el negocio, dos para pagar la universidad de nuestro hijo mayor y finalmente el del auto.

En la primera columna no hubo cambio, en la segunda pusimos el total del préstamo, en la tercera lo que aún estábamos debiendo, en la cuarta el pago mensual y en una quinta el número de atrasos.

Al igual que para las tarjetas sumamos las columnas tres y cuatro para tener el total de lo adeudado y del pago mensual.

Al sumar todo vimos la magnitud de la bancarrota, más de 93.000 dólares en deudas.

Acosados por los llamados telefónicos, los que aumentaron en número e insolencia al aumentar el número de atrasos en los pagos, enviamos los papeles a Mary para que avanzara lo más rápidamente posible en nuestro caso.

Fue tanto el acoso que en un momento de debilidad pensamos nuevamente en consolidar y consultamos otras dos compañías; una de ellas tenía referencias, pero no nos ofreció una alternativa verdadera, más aún, el muchacho con quien hablamos, en un momento de sinceridad nos dijo: en vuestro caso yo no veo otra solución que la bancarrota, o si consiguen algún dinero al contado, el renegociar con cada acreedor para que les eliminen la deuda pagando sólo parte de ella, en inglés, *settlement*. De la segunda compañía nunca pudimos obtener referencias ni otra cosa como dirección que no fuera un P.O. Box en Florida. No pudimos conseguir el dinero para renegociar, y a decir verdad no servimos para negociar, y nos quedó claro que pese al acoso no teníamos otra salida que no fuera la bancarrota y como nos dijera el abogado, frente a los llamados insolentes, debíamos armarnos de valor y paciencia.

Cuando se lo contamos a Mary, nos dijo, pasa, los ponen en una situación de stress tal que lo único que se piensa es en cómo acabar en el mismo segundo los llamados. Hasta que presentemos los papeles los llamados no se acabarán y sobre todo los últimos bancos a los que les han vendido vuestra deuda se pondrán más y más agresivos.

Y así fue. Uno de ellos nos dijo, pueden hacer un *yard sale* este fin de semana y pagarme aunque sean 50 dólares, me pagan 50 y les borro las multas del atraso de dos meses lo que les ayudará en su historial de crédito, pero tiene que ser ya, denme un número de cheque, el número de su cuenta bancaria y yo me comprometo a no cobrarlo hasta después del *yard sale*.

Otros llamaban los sábados y domingos, a primera hora de la mañana o tarde, muy tarde en la noche.

Ello nos tenía cada vez más nerviosos y a la vez cada vez más decididos a hacer todo lo más rápidamente posible, que la demora no fuera por nuestra culpa.

A los pocos días de Mary recibir nuestros papeles sobre las tarjetas nos llamó para pedirnos que buscáramos las direcciones físicas de cada una de ellas, se necesitarían para que la corte entrara en comunicación con ellos.

Nos demoramos otras dos semanas en tener todos los otros papeles, declaración de impuestos, plan de retiro, etc.

Hablamos con los niños, sabíamos que estaban tan nerviosos como nosotros, los tranquilizamos lo mejor que pudimos y les explicamos que a partir de ese momento no disponíamos de crédito y debíamos vivir con lo que teníamos, que debíamos eliminar todo gasto innecesario, y preguntarnos dos veces por los otros, que debíamos juntar el dinero para pagar la segunda cuota de nuestro abogado y en lo posible juntar un par de pesos para casos de emergencia.

Les explicamos que no iba a ser fácil, pero que iba a ser mejor que vivir en la situación en la que estábamos.

El niño más pequeño preguntó, ¿y vamos a poder volver a contestar el teléfono?

No todavía, le explicamos, pero sí una vez que los papeles estén en la corte. Por ello también nos apuramos en poner en orden todos los papeles que nos pedían.

Fin de esa etapa

La próxima reunión con Mary fue después de que enviáramos todo, lo que habíamos omitido nos lo pidió por teléfono. Fue una reunión larga para ver si no había algún error en lo que ella había vaciado en borrador a sus formularios.

No había mayor problema, dos o tres cosas que estaban cambiadas en el nombre, todo se había repartido en diferentes formularios, las corregimos y pusimos las iniciales al lado de cada corrección.

Clarificamos si los préstamos para estudio eran préstamos de estudiante, y no lo eran, por lo tanto podían ser incluidos, si el préstamo del negocio que habíamos obtenido a través de un organismo de pequeños comerciantes estaba protegido como préstamo federal, y no lo estaba, ellos solamente habían servido de intermediarios con un banco.

En el paso siguiente Mary presentaría los papeles al abogado para ver si todo estaba en orden y luego nos llamaría fuera para corregir o verificar algo, y para que fuéramos a firmar hoja tras hoja los formularios oficiales para presentarlos a la corte.

Para alegría nuestra el próximo llamado no fue de Mary, fue de nuestro abogado quien nos pidió que fuéramos a verlo para firmar, que todo estaba en orden. Aprovechamos para decirle que esa misma mañana habíamos recibido una carta de cobranza por el auto pero que venía de otro banco, al parecer habían vendido nuestra cuenta la semana anterior.

Fuimos, firmamos los papeles y nuestro caso fue depositado en la corte. Lo supimos por el silencio, el teléfono dejó de sonar a cada momento, dejaron de enviarnos cartas; la ley era clara, una vez presentada la declaración de bancarrota los acreedores, bajo pena de multa, no podían tomar contacto con nosotros.

Sabíamos que el proceso se estaba recién iniciando en los tribunales, y que demoraría, y estábamos inquietos, pero cuánta tranquilidad se sentía en nuestra casa, cuánta tranquilidad después de tanto tiempo.

En la corte

Aproximadamente al mes de haber declarado la bancarrota recibimos una carta de la corte citándonos a una reunión llamada *meeting of creditors*.

En el momento en que íbamos a enviar por fax la citación a nuestro abogado recibimos una llamada suya diciéndonos que había recibido una copia y dándonos una cita en su oficina para el día anterior a la cita de la corte para explicarnos cómo se iba a desarrollar ese *meeting* y lo que éste significaba.

Cuando nos reunimos nos explicó que todos y cada uno de nuestros acreedores había recibido una convocatoria similar a la nuestra para que, en caso de desearlo, se presentaran a objetar la posible eliminación de su deuda.

Nos dijo que nos iban a llamar con nuestro nombre y número de caso y que pasaríamos al frente a tomar asiento frente al *trustee*; que él se presentaría como nuestro abogado y tomaría asiento al lado nuestro, que íbamos a declarar bajo juramento y que debíamos responder a todas las preguntas del *trustee* con absoluta veracidad y lo más concretamente posible.

Lo primero sería identificarnos, para ello debíamos presentar dos documentos, uno de nuestro seguro social y un segundo documento oficial con foto.

El *trustee* tendría nuestros papeles frente a él, y nos preguntaría cualquier cosa sobre la que tuviera dudas o simplemente las preguntas habituales.

En general, nos dijo, las preguntas giran alrededor de:

Si los datos contenidos en papeles que presentamos son ciertos.

Si pensamos recibir algún dinero en los próximos meses, por ejemplo, un reembolso del servicio nacional de impuestos o una herencia.

Si tenemos pendiente algún caso en corte: juicio contra alguien por accidente, error médico, etc.

Qué nos había llevado a la bancarrota.

Si habíamos transferido algún bien o una importante suma de dinero a nombre de algún familiar o conocido.

Si tenemos bienes.

Si habíamos sacado dinero en efectivo de las tarjetas por una suma mayor de 1.200 dólares.

Si en los últimos tres meses habíamos comprado algún objeto de lujo.

Si habíamos abierto alguna cuenta después de declarar la bancarrota.

Si poseemos un auto o pensamos guardar o devolver el que adeudamos.

Una vez que el *trustee* termine sus preguntas, preguntará a la sala si hay algún acreedor presente que objete vuestra bancarrota. De haberlos, les pedirá que les haga las preguntas que ellos deseen. En ninguno de los casos que vimos mientras esperábamos, y tampco en el nuestro, se presentó nadie.

La reunión es pública, añadió el abogado, y en la sala habrá otras personas y se presentarán otros casos.

Veamos cómo responderían a una de las preguntas, y nos preguntó qué nos había llevado a la bancarrota.

Con mi señora de inmediato comenzamos a explicar cómo tras un mal negocio comenzamos a quedar atrás hasta que nos fue imposible pagar nuestras deudas. Le explicamos etapa por etapa y con lujo de detalles los acontecimientos que habían provocado nuestra catástrofe económica. Aproximadamente diez minutos nos tomó responder a esa primera pregunta.

Nuestro abogado nos miró sonriendo y nos dijo, en general todo el proceso toma de 5 a 10 minutos, yo hice una pregunta de las que les puede hacer el *trustee*, una pregunta simple, clara y directa que requiere una respuesta simple, clara y directa: hicimos un negocio que no funcionó, perdimos una suma importante y quedamos atrás en nuestras deudas, se acumularon y luego nos fue imposible pagar.

Todos los otros detalles los tiene el *trustee* en su archivo, en los documentos que presentamos; por favor, respondan a lo que les pregunten, no traten de añadir nada.

Dio por terminada la sesión y nos dio cita para el día siguiente en el estacionamiento del tribunal, un cuarto de hora antes de la hora a la que estábamos convocados.

Lo único que olvidó decirnos es que no lleváramos un teléfono celular, ello nos significó volver al estacionamiento a dejarlo en el auto. Las únicas personas autorizadas a entrar con uno son los abogados.

La pequeña sala estaba llena, todavía estaban tratando los casos que habían convocado para la sesión de las diez, nosotros estábamos citados para la de las once. Observamos con disimulo a la gente, todos miraban hacia adelante como sin querer mirar a nadie, algunos tenían gruesos maletines negros; pensamos, esos vienen por nosotros y en silencio tratábamos de adivinar cuáles de nuestros acreedores eran.

En más de un caso de los que pasaron ese día el mismo abogado representaba a varios clientes. Todo se pasaba sumamente rápido. Con media hora de atraso el *trustee* dio por terminada la primera sesión y dio lectura a los casos de la segunda, nosotros éramos los terceros.

Afortunadamente los dos primeros no pasaron de inmediato; uno de ellos, un abogado pidió pasar más tarde puesto que su cliente estaba atrasado, así se lo había comunicado por teléfono, y el segundo pidió esperar a su abogado que estaba en la sala de al lado en otro caso similar. Fuimos los primeros.

Efectivamente lo primero fue identificarnos. Cuando mi señora presentó su identificación, el *trustee* dijo, el seguro social es válido, la identificación personal, la licencia de conducir, y dio el número, inválida por no tener foto. De inmediato ella le presentó la licencia vencida pero con la foto, el trustee la miró y dijo: la segunda identificación, pese a estar vencida valida la primera puesto que el nombre, la dirección y el número corresponden a la licencia actual, con lo cual dio por terminado el proceso de identificación y pasó a las preguntas, muy similares a las que nos había mencionado el abogado.

Nuestro abogado tenía una carpeta con copia de todos los documentos que se habían presentado en caso de que surgiera alguna duda.

Al terminar de preguntar hizo un llamado a la sala por si había alguien para nuestro caso y luego leyó una forma, cerró (físicamente) nuestro archivo, apagó la grabadora, todo se había registrado, y pasó al caso siguiente. Habían pasado exactamente siete minutos.

La espera

Mientras caminábamos hacia el estacionamiento le preguntamos a nuestro abogado lo que seguía.

Para ustedes prácticamente nada, ya no tienen que volver a la corte, ahora el *trustee* emite su informe y lo comunica a los acreedores, ellos disponen de un mes para objetar la eliminación de la deuda.

Si alguien objeta, al cabo del mes la corte nos lo comunica y nosotros disponemos de 30 días sea para aceptar o contra objetar y luego en otros treinta días les llegará el fallo de la corte, es decir, en unos tres meses el caso estará cerrado.

En nuestro caso nadie objetó y al cabo de dos meses recibimos una carta oficial dirigida a cada uno comunicando que todas nuestras deudas habían sido *discharged*. Habían pasado algo más de 90 días desde que presentamos los papeles en la corte.

Una segunda oportunidad nos había sido acordada, ahora lo que venía dependería de nosotros, de nuestra capacidad de aprender la lección y de manejar nuestros gastos.

Llamamos a nuestro amigo Fernando para agradecerle, y a nuestro abogado para despedirnos, pero para él no todo estaba terminado, nos citó para una última entrevista y para explicarnos cómo reconstruir nuestro crédito sin apresurarnos y sin caer en errores que nos costarían dinero, pero ése es el capítulo que sigue.

Sobre cómo reconstruir el crédito

Tal como nos lo advirtiera nuestro abogado, a los quince días de llegar el fallo de la corte comenzaron a llegarnos ofrecimientos de todo tipo.

Lo primero que hicimos fue abrir un archivo y meterlos allí, no queríamos tomar ninguna decisión antes de nuestra última reunión con el abogado, tampoco quisimos botarlos, queríamos tener el tiempo de comparar.

Esos quince días de espera y la decisión de no aceptar nada antes de ver al abogado nos ahorró un montón de dinero.

Lo primero que hicimos fue agradecer al abogado lo que hizo por nosotros, para luego añadir que pensábamos no entrar en deudas o evitar en lo posible entrar en deudas; que se acabaron las tarjetas.

¿Quieren comprar casa?, nos preguntó devolviéndonos a la realidad.

En los Estados Unidos se necesita el crédito, tarde o temprano lo necesitarán, sea para el auto, sea para la casa, sea para pagar la universidad de los niños, en la práctica no se puede vivir sin crédito. Hasta para arrendar un auto les pedirán una tarjeta de crédito y esa tarjeta les servirá de referencia para el llamado crédito instantáneo en las tiendas.

Ello no quiere decir que tengan que endeudarse, al contrario tienen que manejarse con extrema seriedad.

De alguna forma ustedes hoy en día, sin deudas, en otros casos con muy poca deuda, representan clientes potenciales que les interesan a las tarjetas y organismos de crédito, ustedes vuelven a tener un potencial de pago. Parece contradictorio con el historial de bancarrota, pero es así; por su historial no les ofrecerán tasas de interés interesantes, al contrario de alguna forma los castigarán, pero poco a poco vuestro crédito se normalizará si son capaces de reconstruirlo.

Veamos lo práctico, ¿qué han recibido hasta este momento?

Tres ofrecimientos para comprar auto, le dijimos. El primero nos ofrecía sus servicios para ahorrarnos tiempo y buscar los mejores *dealers* en nuestra área y los mejores préstamos para nosotros. Nos prometía evitar pérdida de tiempo, y malos ratos al ser rechazados pues su oficina estaba especializada en esos trámites y tenía relaciones de amistad con todos los *dealers* con los que trabajaba. Nos pedía que fuéramos a verlo, y que juntos viéramos cuánto podíamos pagar.

El segundo nos ofrecía comprar nuestro auto viejo, si es que lo habíamos conservado, o sacárnoslo de encima si lo habíamos reafirmado durante la bancarrota, y con ello comprar un auto nuevo o usado en condiciones más ventajosas.

El tercero nos explicaba que por ley, en nuestro estado, estaban obligados a otorgar un cierto número de préstamos a bajo interés a gente que se había declarado en bancarrota, que habíamos sido preseleccionados para un préstamo de 24.000 dólares para comprar un auto nuevo. Lo único que teníamos que hacer era presentar el papel de la corte en que se decretaba la eliminación de nuestra deuda, el resto eran los papeles normales a cualquier préstamo.

Veamos, dijo el abogado. El primero no es otra cosa que un intermediario cuyo negocio es buscar clientes como ustedes y llevárselos al *dealer* con el que trabaja. En forma evidente lo que él cobra se reflejará en el precio del auto. Cierto, puede ahorrarles tiempo, pero no así dinero.

El segundo probablemente ya sabe que ustedes no reafirmaron el auto y quiere tentarlos a comprar uno de mayor valor, de ustedes ya haber comprado uno.

El tercero, claramente les ofrece entrar en una deuda considerable, muy similar a la que tenían por el auto antes de la bancarrota. Cierto, ahora tienen una mayor capacidad de pago, pero tienen que pensar si les interesa realmente entrar en una deuda tan grande por un auto, si ello no los llevará nuevamente a comenzar el camino que los llevó a la bancarrota. Ellos están garantizados, si ustedes no pagan recuperan el auto, pero ustedes no pueden volver a declararse en bancarrota por seis años. ¿Quién lleva las de ganar? Tienen que ver cuánto representa ese pago del total de dinero del que disponen ahora.

¿Ello quiere decir que no hay que abrir crédito?

Al contrario, tienen que establecer un nuevo crédito, tienen que lograr créditos que sean informados a las tres compañías que centralizan estos informes y hacer todo para que éstos sean positivos.

No pueden pagar sus cuentas con atraso.

Utilicen la o las tarjetas, pero no las copen, traten de mantenerlas bajo el 40% del crédito límite que les fue acordado.

Paguen antes o en el momento en que tienen que enviar el pago.

Cada atraso cuenta en contra de vuestro historial de crédito, recuerden que en él aparece la bancarrota, por eso, de ahí en adelante su crédito debe ser impecable.

No se desesperen, denle tiempo al tiempo, y cada vez las ofertas serán mejores para ustedes. Con respecto a la casa puede que en un año y medio o dos, con un buen historial, obtengan un préstamo a una tasa de interés normal.

El abogado nos entregó un folleto indicando cómo se generan los informes de crédito y nos dijo, si saben qué los afecta sabrán lo que deben y lo que no deben hacer para mantener un historial de crédito limpio.

Nos aconsejó que a los seis meses pidiéramos un informe de crédito para verificar que todas las deudas habían sido sacadas. De quedar alguna, nos dijo que lo llamáramos para él encargarse de que la sacaran. Frente a cada una de ellas debía aparecer "incluida en la bancarrota". No era un problema, pero algunas tarjetas o bancos se demoraban en informar la nueva situación a esos organismos. De alguna manera no éramos una prioridad para ellos.

Nos deseó buena suerte en nuestra vida futura, y en la puerta nos dijo, vieron, no fue tan terrible como parecía.

Qué determinará un buen o mal crédito: el puntaje

En el folleto que nos entregó el abogado vimos mencionado varias veces que los bancos o compañías de crédito establecen un puntaje para decidir si otorgan o niegan una solicitud de crédito, o si tienen necesidad de estudiar más de cerca el caso antes de tomar una decisión.

El puntaje no es absoluto, varía dependiendo de lo que cada compañía financiera pida, pero se puede tener una idea clara de cómo lo del puntaje trabaja estudiando la clasificación que sigue y que estratifica en 4 tipos la situación para crédito: A, B, C y D.

La categoría que se le adjudica a una persona depende en forma directa de su informe de crédito.

Por ejemplo, la bancarrota y el tiempo transcurrido desde que el fallo fue emitido por la corte: menos de seis meses, menos de año y medio o dos, más de dos años, etc... juega a su favor o en su contra; a menor tiempo transcurrido desde la bancarrota, menor puntaje.

Cada vez que alguien pide un informe de crédito sobre usted, sea para abrir una nueva tarjeta o para comprar algo, su puntaje baja de 9 puntos.

Poseer muchas tarjetas baja su puntaje, así como hacer pagos atrasados.

Por el contrario una conducta económica sana, pagar sus deudas a tiempo, pagar sus tarjetas en o antes de la fecha de vencimiento mensual, ocupar un bajo porcentaje de su crédito límite, juega a su favor y ello puede significar una reducción en la tasa de interés de sus créditos lo que le ahorraría miles de dólares.

En general los informes de crédito harán un estudio de su historial de pago: tarjetas de crédito, tarjetas de tiendas, préstamos de bancos, atrasos, tiempo de los atrasos, cantidad que se adeuda en los atrasos.

En nuestro caso, y en el caso de personas que se hayan declarado en bancarrota estudiarán con mucho detalle:

- si nuestro historial es muy reciente como para ser evaluado
- si las nuevas sumas adeudadas en las tarjetas son muy altas
- la cantidad que sobrepasa el límite de de crédito
- si la fecha de la última solicitud de informe sobre nuestro crédito es muy reciente
- si hay atrasos en los pagos
- el número de cuentas con atraso
- si tenemos, o no, nuevos préstamos
- si tenemos o no un balance positivo en la cuenta del banco
- si la proporción entre los préstamos y lo que se debe es muy grande
- el número de cuentas establecidas
- historial pasado (aparecerá la bancarrota)

- tiempo transcurrido desde la bancarrota
- deudas no eliminadas por la bancarrota
- demasiadas cuentas abiertas en los últimos doce meses
- demasiados intentos de abrir nuevas cuentas en los últimos doce meses
- porcentaje del crédito utilizado en las tarjetas con respecto al límite acordado
- qué porcentaje del *cash* que le permite sacar la tarjeta ha utilizado. (ojo: la tasa de interés por *cash* es mayor que la del resto de la tarjeta, y cuando usted paga, si no paga el total de lo usado en la tarjeta, su pago lo aplican a aquella parte de la deuda por la que le cobran un interés menor)

Las respuestas a estas preguntas determinarán cuán positivo o negativo será el informe.

En nuestro caso, con el pasar del tiempo, el abrir nuevas cuentas (no indiscriminadamente, 2 o 3) y pagar al día irá aumentando la puntuación.

A, B, C, D

A, el as, en forma evidente es la mejor calificación, se considera muy bueno y en el puntaje FICO sigla para Fair Isaac Model corresponde a un puntaje de 640 arriba en una escala en que 900 representa el máximo y 200 el mínimo. 750 o más puntos es excelente, entre 680 y 750 muy bueno, de 640 a 680 bueno.

Para alcanzar la calificación de A, en general, se necesita no tener atrasos en los pagos. Si hubo quiebra que ésta haya sido al menos dos años atrás, que no haya habido una solicitud de informe de crédito en el último mes, o que se le haya negado un crédito en los últimos 30 días.

Luego viene el porcentaje del crédito empleado con respecto al crédito total que tiene disponible, y ese porcentaje debe situarse entre el 35 al 40%.

B+ a B-, consideradas buenas y con un puntaje situado entre 590 y 630. Se han descontado puntos en caso de haber atraso en los pagos (ningún atraso en su hipoteca puede ser mayor de dos meses). Para llegar a una de esas dos calificaciones tienen que haber pasado de 2 a 4 años desde la bancarrota; el porcentaje del crédito utilizado en relación a su límite debe situarse entre el 45 y el 50%; deben existir solamente entre 2 y 4 solicitudes de informe de crédito sobre usted en los últimos treinta días. Con una de estas calificaciones, si le otorgan un crédito, en general, será a una tasa de interés mayor que el interés del mercado.

C+ a C-, consideradas regulares y con un puntaje entre 578 y 580. Como ven, la escala se cierra si en su historial aparecen de 3 a 4 atrasos no mayores de 30 días en el pago de su hipoteca; si en los nuevos créditos aparecen de 4 a 6 atrasos no mayores de 30 días o dos de más de 60 días. Para estar en una de estas calificaciones su bancarrota tiene que haber sido fallada uno o dos años atrás y el porcentaje de la deuda utilizada con respecto al crédito total debe fluctuar alrededor del 55%. Si le otorgan el crédito, lo harán con una tasa de interés del 3 al 4% más alta que la del mercado para ese tipo de créditos.

D+ a D-, la más baja con un puntaje de 570 puntos hacia abajo. Probablemente su quiebra fue parcial y quedó con deudas a pagar, está atrasado en el pago de su hipoteca (dos atrasos de más de 60 días o 2 a 6 de 30 días, y algún atraso de más de 90 días). El porcentaje del crédito utilizado está alrededor del 60%. Con estas calificaciones deberá demostrar un empleo estable; muy probablemente le pedirán un colateral, y si logra obtener el crédito le será acordado con un interés de 12 a 15% mayor que el del mercado.

En forma evidente hay otros factores que entran en juego en su informe de crédito:
- empleo y número de años en ese empleo
- salario
- estabilidad de sus ingresos
- años en la misma dirección
- teléfono a su nombre
- porcentaje de deudas en relación a su salario
- porcentaje de gastos en relación a su salario
- cuenta bancaria y su balance
- cuenta de ahorros y su balance
- bienes
- si lo que está solicitando es un préstamo para comprar casa, si el arriendo que paga es igual o menor al pago mensual de la eventual hipoteca.

Son estos elementos los que permitirán establecer una opinión clara sobre su situación, el manejo de sus finanzas y sus posibilidades de asumir una deuda y pagar.

Veamos las preguntas y un ejemplo de alguien solicitando su puntaje FICO en uno de los simuladores que esta compañía ofrece en el Internet.

Para poder realizar los cálculos necesarios para establecer una respuesta que responda a su realidad le pedirán tener mínimo dos cuentas de crédito. Una sola no permite obtener datos suficientes para dar un estimado, en consecuencia la primera pregunta será ésa y dependiendo de su respuesta podrá o no seguir llenando el formulario.

Primero aparece la pregunta y luego las diferentes posibilidades de respuesta.

1. ¿Cuántas tarjetas de crédito posee?
- 0
- 1
- 2 a 4
- 5 o más

2. ¿Hace cuánto tiempo abrió la tarjeta más antigua?
- menos de seis meses
- entre 6 meses y dos años
- 2 a 4 años
- 4 a 5
- 5 a 8
- 8 a 10
- 10 a 15
- 15 a 20
- más de 20 años

En forma evidente, mientras más antigua sea la tarjeta, mayor será el puntaje que se le adjudique.

3. ¿Cuánto hace que obtuvo su primer préstamo? (para comprar casa, auto, préstamo de estudiante, etc...)

- Nunca ha tenido un préstamo
- menos de 6 meses
- entre 6 meses y dos años
- 2 a 4 años
- 4 a 5
- 5 a 8
- 8 a 10
- 10 a 15
- 15 a 20
- más de 20 años

4. ¿Cuántos préstamos o tarjetas ha solicitado en el último año?

- 0
- 1
- 2
- 3 a 5
- 6 o más

Aquí los números trabajan a la inversa, a mayor número de solicitudes, menor la cantidad de puntos acordada.

5. ¿Cuál es la fecha más reciente en la que abrió una tarjeta de crédito u obtuvo un préstamo?

- hace menos de 3 meses
- entre 3 y seis meses
- hace más de seis meses

6. ¿Cuántos de sus préstamos o tarjetas de crédito acarrean un balance?

- 0 a 4
- 5 a 6
- 7 a 8
- 9 o más

7. Detalle los balances en sus tarjetas o préstamos. Por ejemplo tres tarjetas con un total de 2.300 dólares y un préstamo de auto con un balance de 15.000 dólares. Use el total 17.300 dólares para buscar su franja. Aparecen las siguientes opciones:

- sólo tengo una hipoteca
- debo menos de 500 dólares
- entre 50 y 999
- entre 1.000 y 4.999
- entre 5.000 y 10.000
- entre 10.000 y 20.000
- más de 20.000 dólares

8. ¿Cuándo se atrasó en un pago?

- Nunca
- en los últimos 3 meses
- entre 3 y 6 meses
- entre 6 meses y un año
- entre 1 y 2 años
- entre 2 y 3 años
- entre 3 y 4 años
- hace más de 4 años

Mientras más reciente es el atraso, mayor es la penalidad en su puntaje.

9. ¿Cuántos de sus préstamos o tarjetas de crédito están atrasadas de pago?

- 0
- 1
- dos o más

Como pueden ver son muy duros, dan solamente tres opciones.

10. ¿Cuánto es el monto en las cuentas atrasadas?

- Menos de 250
- 250 a 499
- 500 a 4.999
- 5.000 o más

Nuevamente las posibilidades se estrechan, la tercera posibilidad sube bruscamente de 500 a 4.999 dólares, ello quiere decir que tener sobre los 500 dólares de deudas atrasadas juega seriamente contra usted.

11. ¿Qué porcentaje del crédito límite de sus tarjetas ha utilizado?

- Nunca he tenido una tarjeta
- 0 al 9%
- 10 al 19%
- 20 al 29%
- 30 al 39%
- 40 al 49%
- 50 al 59%
- 60 al 69%
- 70 al 79%
- 80 al 89%,
- 90 al 99%
- 100 o más %

Aquí la escala es más detallada y los estudiarán de diez en diez %. Ojo, la primera respuesta no es positiva, se necesita tener información suficiente para poder establecer un historial de crédito.

12. Indique si alguna vez se ha declarado en bancarrota, ha sido reposeído, si tiene deudas de sus impuestos.

- sí
- no

En general reagruparán su historial de crédito en cinco categorías y a cada una le asignarán un valor relativo.

- su historial de pago 35%
- cantidad adeudada 30%
- tiempo de su historial de crédito 15%
- nuevos créditos 10%
- tipos de crédito 10%

Estos no son porcentajes rígidos, son indicadores, y la importancia de cada categoría variará de acuerdo a su caso particular, pero la ponemos aquí para dar una idea general.

Con esos datos, el calculador gratuito que ofrece FICO le dará una respuesta que se aproxima a lo que será su puntaje.

Si compara su resultado a la escala que pusimos antes (A, B, C y D) sabrá a qué atenerse con respecto a una posible solicitud de crédito.

Entiendan, un buen puntaje ayuda, pero incluso con un buen puntaje, un banco puede rechazar su solicitud de crédito, cada uno tiene políticas diferentes, y en el caso de un préstamo para comprar casa pueden pedirle además que ponga un 20 o 25% del valor del préstamo en el momento de la compra.

Nuestra experiencia

En los meses que siguieron comenzamos la tarea de reconstruir nuestro crédito, la meta era la casa, siempre es bueno tener una meta grande, para impedir que lo pequeño nos coma.

Las tarjetas

Dos, máximo tres. Una es poco para establecer un historial, dos o tres permiten ver que aprendimos a manejar nuestras finanzas y les permite a los organismos de crédito comparar los informes.

Aprendimos la lección, no hay que volverse locos llenando solicitudes; taparse nuevamente de tarjetas es muy negativo, se van cerrando las puertas a créditos más importantes y se va camino a volver a estar en problemas.

Recibimos diferentes ofertas de tarjeta: algunas llamadas *secure*, es decir el límite de crédito está asegurado y determinado por la cantidad de dinero que depositemos en ellas, en general de 200 a 5.000 dólares.

Si no hay otra posibilidad, es una forma como otra de comenzar a reconstruir su crédito, pero asegúrense de que las tarjetas envíen un informe mensual a los principales organismos de recolectar esos datos, y de que en ese informe la tarjeta no aparezca como *secure*, ello puede jugar contra ustedes.

Hay algunas tarjetas que no informan a ningún organismo y ello para los efectos de reconstruir el crédito vale cero.

Nos llegaron ofertas de tarjetas *non secure*, ofreciendo un límite mínimo de 200 dólares dependiendo de lo que depositáramos en ella. Cobraban una suma para echar a andar la tarjeta, otra para participar del programa de reconstrucción de crédito, un cobro anual y un interés de 18.8%.

No es el interés en lo que hay que fijarse, es en el costo del dinero. La primera oferta de ese tipo era de un banco con sede en Georgia para una tarjeta Visa. Nos ofrecían 250 dólares con posibilidades de aumento del límite cada seis meses (pagando 25 dólares cada vez que cambiaba el límite), los costos serían descontados en el momento de activar la tarjeta Visa y nos dejaban disponibles 65 dólares. Había 90 dólares de gastos por una vez, 45 de cuota anual, y 50 dólares por activarla. En forma evidente no la aceptamos.

Más adelante, nos llegaron tarjetas pre-aprobadas, en ellas no había gastos de instalación, ni un primer cobro, solamente un mínimo relativamente bajo, y un máximo dependiendo de los ingresos. La primera nos cobraba un costo anual de 59 dólares y un interés de 18.9% lo que era razonable; una semana más tarde una segunda tarjeta nos cobraba 39 dólares al año y un interés de 14.9%. Cada atraso era castigado con una multa de 29 dólares y otros 29 en caso de sobrepasar el límite, pero ello no contaba para nosotros pues estábamos decididos a no llegar al límite, mejor aún teníamos en mente el porcentaje del crédito que podíamos utilizar si queríamos reconstruir nuestro crédito total. Como ven, todo es cuestión de tener paciencia y no desesperarse aceptando sin poder comparar.

Si se logra pagar cada mes antes de la fecha de vencimiento o de los 25 días de gracia después de cada compra, se ahorrarán los intereses y lo que es más importante el porcentaje del crédito utilizado será muy bajo lo que desde el punto de vista de su puntaje es excelente.

Evite ser usted quien pida las tarjetas, cada vez que es usted quien inicia el proceso ese banco pide un informe sobre su historial y así queda consignado en su informe global, recuerden que cada petición de informe sobre ustedes les baja su puntuación de 9 puntos. Sin embargo los informes pedidos por las tarjetas para ellos enviarles un ofrecimiento de una tarjeta pre-aprobada no son registrados y no cuentan.

Un gran número de petición de informes sobre usted salta a la vista como una bandera roja de alarma: significa que está buscando desesperadamente abrir créditos, lo cual es negativo.

Como lo viéramos, y ahora repetimos, los organismos a los que está solicitando un préstamo o crédito estudiarán cuántas veces ha solicitado, cuántas veces el crédito le ha sido negado, y cuántas veces aceptado, cuál es su límite de crédito actual y en qué periodo de tiempo ha estado solicitando.

Un límite muy alto de créditos acordado, aunque no lo emplee, quiere decir que potencialmente y con mucha rapidez puede endeudarse sin otro trámite que gastar y así reducir su capacidad de pago.

Mantenga una cantidad razonable de crédito disponible no utilizado. Si va a utilizar 3.000 no necesita disponer de 50.000.

El otro lado de la moneda, no tener nada en el informe no significa buen comportamiento desde un punto de vista económico, significa que no hay ningún antecedente en qué basarse para estudiar su conducta, ninguno, salvo el último, el que aparecerá por diez años: su bancarrota.

Resumamos: para determinar su puntaje en vistas a la obtención de un crédito se fijarán también en el tiempo desde el cual tiene abiertas sus tarjetas o préstamos anteriores, a mayor tiempo mejor puntaje.

En nuestro caso, lo primero que verán es la bancarrota y de ahí en adelante estudiarán con mucho detalle, cada atraso, si lo hay, y el tiempo en ese atraso y el porcentaje del crédito utilizado como ya lo mencionáramos.

La mejor receta es esperar, esperar que propongan y no pedir, y entre las propuestas, aceptar la que mejor convenga, si no conviene, esperar otra, llegarán otras, de seguro llegarán.

Luego, dependiendo de su record de pagos y del tiempo pasado tras la bancarrota, seis meses, un año, año y medio, dos, irá escalando en puntaje y aumentará la confianza que tengan en usted.

¿Cuántas tarjetas?, dos, máximo tres, más no se necesitan. ¿Préstamos?, uno, si fuera necesrio.

Con el pasar del tiempo y excelencia en los pagos irá aumentando gradualmente su límite de crédito, no exageradamente, pero aumentando, una tarjeta de 3.000 dólares se ve bien, y razonable, diez tarjetas, ya sabemos lo que nos pasó con diez tarjetas y un límite sobre los 60.000 ocupado al tope.

Recibimos ofertas de organismos proponiéndonos reconstruir nuestro crédito; los evitamos, por costosos, por lo que nadie, nadie que no seamos nosotros puede reconstruir nuestro crédito a nombre nuestro. Somos nosotros y las acciones que tomemos las que finalmente nos llevarán a los puntajes normales.

Somos nosotros y las prioridades que nos fijemos quienes determinaremos qué aceptar y qué no, qué nos conviene y qué trabajará en contra de nuestras metas.

Somos nosotros los que nos quedamos sin dormir y a punto de quedarnos en la calle, somos nosotros a quienes acordaron una segunda oportunidad; para esos organismos nosotros somos negocio u otra presa fácil.

¿El auto?

No aceptamos ni la primera, ni la segunda, ni la tercera oferta. Estudiamos nuestro presupuesto y decidimos comprar un auto usado, el que cambiamos más adelante por otro un poco más moderno pero no caro.

Partimos de la base de que además de ser más caro, un auto nuevo pierde entre el 25 y el 30% de su valor en los dos primeros años. Buscamos un auto ya depreciado, en que su anterior propietario había asumido la pérdida de valor, nos fijamos que aún estuviera bajo garantía, comparamos su precio de mercado con otros similares en un espacio de la red llamado Kelley´s Blue Book, y antes de comprarlo pedimos que corrieran un informe en Carfax para asegurarnos de que no fuera un auto accidentado.

Lo compramos al contado, evitamos como la peste los avisos que nos llamaban diciendo: compre aquí, pague aquí. Fuimos a uno por curiosidad, para ver la tasa de interés y el precio final del auto. Salimos corriendo.

Cada tanto nos ofrecen tomar el auto viejo a precio de mercado, descontando 10 centavos por milla sobre 15.000 millas al año, y permitirnos cruzar la puerta para subir a un auto nuevo 0 milla. Por el momento no nos fijamos en un auto nuevo, quizás, con el tiempo, pero por el momento la meta principal es la casa, luego veremos. Esas ofertas, por el momento van a parar a un contenedor de plástico negro que se llevan los servicios municipales una vez por semana.

Un último consejo, una vez al año pidan su informe de crédito a cualquiera de los tres organismos que mencionamos al comienzo del libro, revísenlo para que no se haya deslizado un error, de haberlo pidan que se corrija de inmediato.

Recuerden, cuando son ustedes los que piden el informe esta petición no queda registrada y no cuenta en contra suya.

Presupuesto

Elaboren un presupuesto mensual, ello les permitirá tener clara su situación económica y manejar mejor sus finanzas.

Cuidado con las realizaciones, un cuarenta por ciento de descuento en algo que no se necesita no significa un ahorro del 40%, significa un gasto inútil del 60%.

Por ejemplo, acabamos de regresar del supermercado donde vimos en oferta un hermoso juego de copas. El anuncio decía: ahorre 50 dólares y seguía el precio $29.99.

Una ganga, de 80 rebajado a menos de 30, a menos que se leyera: **gaste $29.99** en algo que no tiene presupuestado; al leerlo así vimos que no necesitábamos el hermoso juego de copas.

Cuando use su tarjeta *debit* del banco para efectuar una compra pida *credit*, si pide *debit* usted paga un cargo adicional por esa transacción, si pide *credit*, es la tienda quien paga ese cargo por ello los terminales están programados para *debit* y no para *credit*. Tendrá que apretar el botón de anular y luego poner crédito. Demora un poco más pero se ahorra más de un dólar por transacción.

Sea previsor: recuerde anotar aquellos gastos que no son fijos mes a mes, divídalos por doce y vaya ahorrando el dinero para cuando llegue el momento de pagarlos. Por ejemplo la calefacción la pagará durante los meses de invierno. De acuerdo a lo que pagó el año pasado calcule lo que gastará este año, divídalo por doce y póngalo en su presupuesto mensual, guarde esa cantidad. Ello le evitará sorpresas desagradables y no tener para pagar cuando llegue el momento.

Un modelo simple de presupuesto es el que sigue, en forma evidente en el suyo tiene que añadir todos los elementos que sean necesarios para que su presupuesto sea lo más ajustado a su realidad.

Ingresos
Fijo:
salario mensual (el cheque que lleva a la casa)

Irregular (dividido por doce):
horas extras trabajadas
otros
Reembolso de impuestos
federales
locales

Total de ingresos _____

Gastos
Entretenimiento:
libros, diarios y revistas
cine, arriendo de videos y juegos
espectáculos
vacaciones

Total: _____

Familiares:
cuidado de los niños
ropa
médico
dentista
seguro de vida
peluquería
salón de belleza

Total: _____

Alimentos:
comidas
restaurantes

Total: _____

Casa:
arriendo
pago hipoteca
seguro

Total: _____

Servicios:
electricidad
agua
gas natural/petróleo
teléfono
alcantarillado

Total: _____

Transporte:
transporte público
auto
gasolina
manutención
seguro
mensualidad

Total: _____

Deudas:
tarjeta uno
tarjeta dos
tarjeta tres
préstamo
cargo por el chequero
cargo por tarjetas

Total: _____

Sume el total de sus gastos.

Total de gastos: _____

Luego ponga frente a frente

Ingresos mensuales   vs   Gastos mensuales

Reste los gastos a los ingresos, si la suma es positiva sabrá de cuánto dispone en su presupuesto para ahorrar en vistas de una meta más grande: casa propia, o para emergencias.

+ _____

Si la suma es negativa: revise su presupuesto y vea qué gastos debe disminuir. Está gastando lo que no tiene y va derecho a la bancarrota. Vea también cómo aumentar sus ingresos.

¡PELIGRO!   - _____

Mire el total de cada rubro, ello le permitirá a golpe de ojo saber cuánto está gastando en cada uno de ellos y qué es aquello que puede estar destruyendo sus finanzas y su futuro.

Conclusión

Esta es nuestra historia y nuestra experiencia. El ir donde un abogado nos permitió ver con tranquilidad la alternativa de la bancarrota; sus consejos y su experiencia nos permitieron estar tranquilos al saber que eran nuestros intereses los que defendería para conseguirnos una segunda oportunidad.

Sus consejos nos permitieron comenzar a reconstruir nuestro crédito y el conocer los mecanismos nos evitó caer en errores, en intentar adelantarnos al tiempo. El esperar nos permitió analizar mejor las ofertas y aceptar lo que más nos convenía.

Esta experiencia es la que queremos transmitir hoy día, pero repetimos, son ustedes quienes tienen que tomar el destino en sus manos, ustedes quienes tienen que hacer su propio presupuesto y no salirse de él, ustedes quienes sabrán cuánto pueden llegar a ahorrar y en cuánto tiempo quieren reconstruir su crédito.

La experiencia sirve; el conocer los mecanismos del crédito nos permitió mejorar el nuestro en menor tiempo, nos permitió cambiar nuestros hábitos de consumo permitiéndonos así acercarnos a la realización de nuestras metas.

Fernando, querido amigo quien inició esta historia, gracias.

Colección

Manuales: compartiendo la experiencia latina

El primero de la colección:

Boarding Pass to Success: etapa por etapa el camino a las mejores universidades de los Estados Unidos (inglés)

Por: Gustavo Gac-Artigas

Disponible en nuestra página en la red
www.editorial-ene.com,

Manuales: compartiendo la experiencia latina

Afiche

Los hitos del camino (en inglés). Año por año, resume las etapas del camino de la escuela superior a la universidad. Más: direcciones en la red para becas y preparación gratuita para el SAT.

Disponible en: www.editorial-ene.com, ver afiche. Cuatro colores, 18 x 24 pulgadas **Lo que sus hijos no pueden dejar de hacer si quieren alcanzar el éxito**.

Otros títulos publicados por
Ediciones Nuevo Espacio

Ficción

Ado's Plot of Land
Gustavo Gac-Artigas – Chile

A Bride Called Freedom-Una novia llamada libertad - Bilingual
Brett Alan Sanders - USA

Aún viven las manos de Santiago Berríos
José Castro Urioste - Perú

Benedicto Sabayachi y la mujer Stradivarius
Hernán Garrido-Lecca - Perú

Beyond Jet-Lag
Concha Alborg - España

Buenos Aires
Sergio Román Palavecino - Argentina

Como olas del mar que hubo
Luis Felipe Castillo - Venezuela

Correo electrónico para amantes
Beatriz Salcedo-Strumpf - México

Cuentos de tierra, agua.... y algunos muertos
Corcuera, Gorches, Rivera Mansi, Silanes – México

El dulce arte de los dedos chatos
Baldomiro Mijangos - CDBook- México

El solar de Ado
Gustavo Gac-Artigas - Chile

Exilio en Bowery
Israel Centeno - Venezuela

La edad del arrepentimiento
Blanca Anderson - Puerto Rico

La lengua de Buka
Carlos Mellizo - España

La última conversación
Aaron Chevalier - España

Liliana y el espejo
David Bedford – Argentina

Los mosquitos de orixá Changó
Carlos Guillermo Wilson – Panamá
Melina, conversaciones con el ser que serás
Priscilla Gac-Artigas - Puerto Rico
Off to Catch the Sun
Alejandro Gac-Artigas – USALatino
Poemas de amor y de alquimia - Bilingual
Blanca Anderson Córdova - Puerto Rico
Prepucio carmesí
Pedro Granados - Perú
Rapsodia
Gisela Kozak Rovero - Venezuela
Ropero de un lacónico
Luis Tomás Martínez –República Dominicana
Simposio de Tlacuilos
Carlos López Dzur - USALatino
Todo es prólogo
Carlos Trujillo - Chile
Under False Colors
Peter A. Neissa - USA
Un día después de la inocencia
Herbert O. Espinoza - Ecuador
Viaje a los Olivos
Gerardo Cham - México
Visiones y Agonías
Héctor Rosales - Uruguay
Yo, Alejandro - English – 3rd. Ed.
Alejandro Gac-Artigas - USALatino
Yo, Alejandro – Bilingual (español e inglés) La historia de un niño latino en los Estados Unidos. Aclamado por la crítica. Escrito por el autor a los 12 años.
Alejandro Gac-Artigas – USALatino
La séptima mujer, colección de cuentos por
Francisca López y Claudia Aburto Guzmán
España y Chile

Colección Academia:

Caos y productividad cultural
                    Holanda Castro - Venezuela
Double Crossings / Entrecruzamientos
           Editors: Carlos von Son, Mario Martín Flores
Reflexiones, ensayos sobre 44 escritoras hispanoamericanas contemporáneas - 2 Vols.
            Editor: Priscilla Gac-Artigas – Puerto Rico
The Ricardo Sánchez Reader / CDBook
            Editor: Arnoldo Carlos Vento – USA

Concurso ENE 2003: antologías de trabajos premiados.

Más allá de las fronteras: poesía
Más allá de las fronteras: cuento

Todos los títulos están disponibles en nuestro portal: www.editorial-ene.com, en amazon y bn.com

O pueden ser encargados en cualquier librería.

CPSIA information can be obtained at www.ICGtesting.com
Printed in the USA
BVOW04s0204210714

359765BV00003B/278/P

31192020631220